AF312736

VENTE DU LUNDI 8 JUIN 1885

HOTEL DROUOT, SALLE N° 8

ANCIENNES FAIENCES D'APREY

Meubles et Bronzes du XVIIIe siècle

TABLEAUX ANCIENS

EXPOSITION

Les Samedi 6 et Dimanche 7 Juin 1885

COMMISSAIRE-PRISEUR

Me PAUL CHEVALLIER, 10, rue de la Grange-Batelière.

EXPERTS :

M. CH. MANNHEIM	M. H. PILLET
7 rue Saint-Georges, 7.	16, rue Grange-Batelière, 16.

VENTE DU LUNDI 8 JUIN 1885

HOTEL DROUOT, SALLE N° 8

ANCIENNES FAIENCES D'APREY

Meubles et Bronzes du XVIIIe siècle

TABLEAUX ANCIENS

EXPOSITION

Les Samedi 6 et Dimanche 7 Juin 1885

COMMISSAIRE-PRISEUR

Me **PAUL CHEVALLIER**, 10, rue de la Grange-Batelière.

EXPERTS :

M. CH. MANNHEIM	**M. H. PILLET**
7 rue Saint-Georges, 7.	16, rue Grange-Batelière, 16.

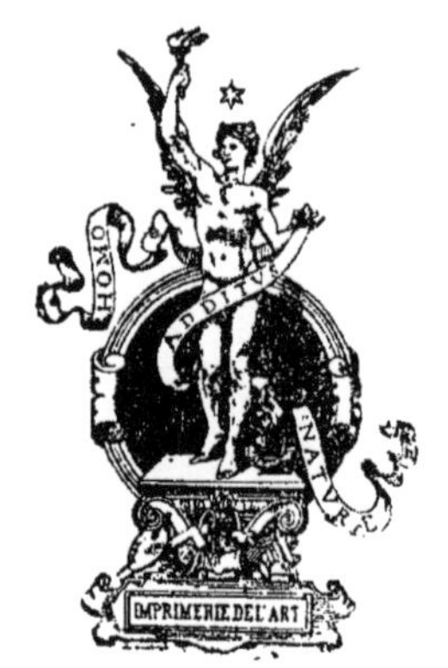
HONOR
ADDITVS
NATVRÆ
IMPRIMERIE DE L'ART

CATALOGUE

D'une Collection intéressante

D'ANCIENNES

FAIENCES D'APREY

ET AUTRES

Porcelaines, Objets variés, Beaux Bronzes d'ameublement des époques Louis XV et Louis XVI

Belle table en bois sculpté du temps de Louis XIV

MEUBLES ET SIÈGES DES ÉPOQUES LOUIS XV ET LOUIS XVI

TAPISSERIES, ÉTOFFES

TABLEAUX ANCIENS

Des Écoles allemande, flamande, hollandaise, française et italienne

DONT LA VENTE AURA LIEU

HOTEL DROUOT, SALLE N° 8

Le Lundi 8 Juin 1885, à 2 heures

Par le Ministère de Mᵉ PAUL CHEVALLIER, commissaire-priseur,
10, rue de la Grange-Batelière, 10

Assisté de M. CHARLES MANNHEIM, expert,
7, rue Saint-Georges, 7

Et de M. HENRI PILLET, expert,
16, rue de la Grange-Batelière, 16

EXPOSITION PUBLIQUE

Les Samedi 6 et Dimanche 7 Juin 1885

DE UNE HEURE A CINQ HEURES

CONDITIONS DE LA VENTE

Elle sera faite au comptant.

Les acquéreurs payeront en sus des enchères *cinq pour cent*, applicables aux frais.

L'exposition mettant le public à même de se rendre compte de l'état des objets, il ne sera admis aucune réclamation une fois l'adjudication prononcée.

Paris. — Imp. de l'Art. E. Ménard et J. Augry
41, rue de la Victoire, 41

DÉSIGNATION DES OBJETS

FAIENCES D'APREY

1 — Jolie garniture de trois jardinières dont une oblongue et deux carrées, en ancienne faïence d'Aprey, décor polychrome à sujets chinois, fleurs et ornements ; les bords supérieurs sont frangés de carmin.

2 — Compotier, modèle coquille, en ancienne faïence d'Aprey, décor polychrome à oiseaux et arbustes ; au bord, frange carmin.

3 — Compotier de même forme, décoré de fleurs.

4 — Écuelle ronde à deux anses avec plateau, décor polychrome à fleurs ; le couvercle est surmonté d'un groupe de deux fruits. Marquée AP. et monogramme du peintre J.

5 — Joli sucrier oblong avec plateau adhérent,
décoré de bandes vertes et carmin, ces der-
nières rehaussées d'un filet sinueux exécuté
à l'enlevé ; il est enrichi de médaillons de
fleurs polychromes encadrés d'ornements
rocaille en camaïeu jaune.

6 — Porte-huilier de forme oblongue, décor
polychrome, à fleurs et hachures carmin.
Marqué M. A. P.

7 — Porte-huilier analogue à celui qui précède,
accompagné de deux burettes en cristal taillé,
rehaussées de dorure.

8 — Cache-pot à contours et à culot godronné,
décor polychrome de style chinois rappelant
les produits de Nevers et portant la marque :
Aprey.

9 — Belle soupière oblongue à deux anses et à
couvercle surmonté d'une pomme, en ancienne faïence d'Aprey, à décor polychrome
composé de groupes d'oiseaux dans des paysages et de jetées de fleurs ; les bords sont
frangés de carmin et de bleu.

10 — Plat carré à contours et à angles rentrants, décor polychrome à jetées de fleurs. Il porte la marque : *Aprey*.

11 — Écuelle ronde à deux anses et à couvercle surmonté d'une poire, décor polychrome à fleurs et oiseaux.

12 — Petit plat oblong à contours, bordé d'ornements polychromes.

13 — Compotier rond à côtes et à bord lobé, en ancienne faïence d'Aprey, décoré au centre d'un bouquet de fleurs polychromes et au bord de hachures carmin.

14 — Compotier analogue à celui qui précède; celui-ci offre au bord des ornements bleus.

15 — Plaque rectangulaire, décor polychrome représentant un paysage accidenté avec cours d'eau au premier plan, animé par des canards. L'encadrement est formé d'une moulure rosée rehaussée de quadrillages bleus et carmin.

16 — Compotier forme coquille, décoré de jetées
de fleurs polychromes et offrant au bord des
hachures verdâtres et des arêtes carmin.
Marqué : *Aprey*.

17 — Plat rond à bords festonnés, décor polychrome à jetées de fleurs. Marqué : C. A. P.

18 — Pot à lait, décoré de fleurs polychromes.
Marqué : M. A. P.

19 — Deux assiettes à contours, décor polychrome à fleurs. L'une d'elles est marquée A. P. R.

20 — Deux plats oblongs à contours, décor polychrome : au centre, un bouquet de fleurs ;
au marli, ornements rayonnants, rubans et
feuillages ; des arabesques en réserves se dé-
tachent sur des bandes carmin.

21 — Deux plats ronds à bords festonnés, de
même décor que ceux qui précèdent.

22 — Plat oblong à contours, décoré, au centre,
de branches de feuillages et d'oiseaux poly-

chromes et, au marli, de fleurettes également
en couleurs.

23 — Plat rond à bords festonnés, de même
décor que ceux qui précèdent.

24 — Belle assiette à bords festonnés, décor polychrome à sujet chinois sur terrasse et ornements rocaille ; le marli est frangé de carmin
et le bord est rehaussé d'un filet bleu.

25 — Deux assiettes à décor de même style ; au
centre, groupe d'oiseaux avec terrasse sup-
portée par des ornements rocaille violets.

26 — Trois assiettes à bords festonnés, décor
polychrome à large bouquet de fleurs au
centre et frange carmin au marli.

27 — Deux assiettes à bords festonnés, décor
polychrome à fleurs, oiseaux et ornements
polychromes.

28 — Deux assiettes de même forme et de décor
analogue, à sujets chinois au centre.

29 — Trois assiettes à bords festonnés, décor polychrome à fleurs et ornements en bleu au marli.

30 — Deux assiettes analogues à celles qui précèdent, mais plus petites.

31 — Assiette à décor de même style, à oiseaux et ornements rocaille.

32 — Petit buste de Diderot, en terre cuite.

FAIENCE DE ROUEN

33 — Fontaine formée d'une figurine d'enfant bacchant à califourchon sur un tonneau et tenant un verre et une bouteille, décor polychrome ; elle est accompagnée d'un bassin à côtes, à décor polychrome.

34 — Grand plat rond à décor polychrome ; au centre, une corbeille de fleurs ; au marli et à la chute, festons de fruits et de fleurs, ornements variés et quadrillages.

35 — Deux petites jardinières-appliques de forme

cintrée, décorées à leur base d'une large bande d'ornements en bleu et rouille.

FAIENCES DIVERSES

36 — Compotier en ancienne faïence de Delft, à décor polychrome, rehaussé de dorure, rappelant les émaux de la famille verte. Au pourtour, compartiments à figures de style chinois, vases de fleurs et bordure d'ornements à rosaces.

37 — Plat rond en faïence allemande, marqué B, décor en bleu, jaune et vert, à figure d'enfant au centre et ornements et groupes de fruits au pourtour.

38 — Plat rond en faïence italienne, décor en bleu et jaune, à oiseaux, arbres et ruines; au centre, deux personnages, homme et femme.

39 — Plat rond et creux en faïence de Castelli; au pourtour, décor de fleurs, oiseaux, animaux et amours tenant des cornes d'abondance; dans le haut du plat, des armoiries.

40 — Grand plat rond et creux en faïence de
Venise; au pourtour, décor d'arcades en
blanc, bleu et jaune; au centre, un paysage
avec personnages et château fort.

41 — Coupe à pied en faïence de Castelli; le
pourtour intérieur est décoré de personnages et d'animaux chimériques; au centre,
se détachant sur un fond bleu, une femme
cueillant des fleurs.

42 — Grand plat rond en faïence de Castelli. Le
pourtour est décoré d'insectes, de poissons et
d'oiseaux. Au centre, une scène représentant
le Songe de Jacob.

43 — Petit crachoir avec anse en ancienne
faïence de Strasbourg (de Hannong) à décor
de fleurs sur fond blanc.

44 — Petit pot à épices en faïence de Moustiers
à décor bleu.

45 — Deux grandes potiches à couvercles en
porcelaine de Chine, décorées en émaux de

couleur et or. Le fond est laqué noir et orné de médaillons en bleu.

46 — Deux grandes potiches en faïence de Delft, décor bleu.

47 — Fontaine et son bassin en faïence de Rouen, décor bleu.

48 — Bouteille à anses en faïence de Nevers, décorée d'ornements, de feuillages et de médaillons en relief, en bleu, jaune et vert.

49 — Petit buste de Voltaire, en biscuit.

PORCELAINES

50 — Petit service en porcelaine de Minton fond blanc à fleurs. Il se compose de : plateau, quatre tasses et leurs soucoupes, théière, deux bols, petite coupe à pied et pot à lait.

51 — Petit bol en porcelaine de Saxe à fond jaune, décoré de médaillons de fleurs sur fond blanc. Monture bronze.

OBJETS VARIÉS

52 — Jolie miniature gouachée : portrait du duc de Bouillon, représenté presque de face, assis dans un parc. La tête découverte, il porte un costume bleu et tient sur ses genoux un petit chien.

53 — Miniature gouachée représentant le cardinal de Rohan, dit la Belle Éminence.

54 — Plaque rectangulaire en hauteur en émail de Limoges de P. Nouailher, représentant saint Jean-Baptiste et l'Agneau, se détachant sur une auréole d'or.

55 — Plaque rectangulaire de Jean Limousin, peinte en émaux de couleur et représentant Jésus enfant tenant la croix, se détachant sur une auréole d'or. De chaque côté, sur un fond noir et or, les pieds, les mains et le cœur du Christ. Au bas, la légende : *Jesu dulcis memoria.*

56 — Plaque peinte en émaux de couleurs de Jean Limousin et représentant la tête du Christ.

57 — Plaque rectangulaire en hauteur, décorée d'une grisaille représentant saint Pierre tenant les clefs. xvie siècle.

58 — Plaque rectangulaire en émail de Limoges, attribuée à Suzanne de Court. Elle représente la Naissance du Christ, en émaux de couleurs avec emploi de paillons et rehauts d'or.

59 — Petite plaque en émail représentant en grisaille un personnage en costume du xvie siècle.

60 — Petite soucoupe en émail de Chine sur fond vert. Elle est décorée à l'intérieur du dragon à cinq griffes et de rehauts d'or.

61 — Boîtier de montre portant à l'intérieur et à l'extérieur deux peintures sur émail : paysage avec cours d'eau et portrait de jeune femme.

62 — Petite montre à double boîtier en argent repercé à jour, guilloché et gravé. Époque Louis XIII.

63 — Montre à double boîtier en cuivre doré et gravé. Époque Louis XIV.

64 — Petit coffret en fer, décoré de maillons ajourés et avec serrure formée de deux piliers supportant une arcature gothique. xvᵉ siècle.

65 — Gland de sonnette en fer à ornements découpés à jour.

66 — Deux verrous de meuble en fer. L'extrémité des verrous est ornée de têtes d'homme et de femme. Travail de la fin du xvᵉ siècle.

67 — Trois clefs en fer forgé de différentes époques.

68 — Amorçoir en noix de coco, garni d'ornements en argent. Le fond extérieur est orné d'un cachet en argent gravé portant des armoiries.

69 — Petite pomme de canne en ivoire sculpté, représentant David portant la tête de Goliath.

70 — Amorçoir en ivoire sculpté, représentant en haut-relief une scène tirée de l'Ancien Testament : Adam et Ève chassés du Paradis terrestre.

71 — Écuelle à couvercle en étain gravé et argenté.

BRONZES D'AMEUBLEMENT

72 — Beau cartel du temps de Louis XV, en bronze ciselé et doré, composé d'ornements rocaille et de branches de fleurs.

Mouvement de Festeau fils, à Paris.

Haut., 74 cent.; larg., 45 cent.

73 — Jolie lanterne Louis XVI, en bronze ciselé et doré, ornée de glands retenus par des nœuds.

74 — Cartel Louis XVI en bronze ciselé et doré.

75 — Deux grands et beaux chenets Louis XIII en cuivre gravé, décorés d'attributs guerriers, le bas en forme de griffes, le haut surmonté d'une boule.

76 — Horloge Louis XIV en cuivre repoussé, décorée, au pourtour, d'enfants, d'entrelacs, et de feuillages ; au bas, le Temps couché et

tenant sa faux ; au haut, une Minerve sur-
montée de deux aigles.

77 — Petit flambeau Louis XVI en bronze
argenté, à tige cannelée ; la base est décorée
de vases et de guirlandes.

78 — Petit flambeau Louis XVI en cuivre argenté, décoré sur sa tige d'une guirlande.

79 — Grand coffre carré en fer. xvie siècle.

MEUBLES

80 — Grande et belle table en bois sculpté, à
huit pieds en volute, reliés par un entre-
jambes à X, au centre duquel un vase décoré
de têtes de femmes en ronde bosse, reliées
entre elles par des draperies ; au sommet du
vase, une flamme.

Les pieds de la table sont ornés de mufles
de lions dans des grillages ; aux quatre faces,
une coquille en relief, autour de laquelle se
développent des enroulements. Époque
Louis XIV.

Le dessus est formé d'une grande tablette
en marbre brèche.

81 — Petite commode Louis XV en bois mar-
queté, garnie d'ornements en bronze ciselé et
doré.

82 — Petite console Louis XVI en bois d'acajou,
garnie de cuivre; dessus en marbre blanc.

83 — Petit cabinet italien à battant, sur la face
duquel se trouve une plaque en ivoire représentant un sujet mythologique; à l'intérieur,
dix tiroirs avec incrustations d'ivoire; au
centre, une porte en forme de tabernacle,
décorée également au pourtour d'incrustations
en ivoire

84 — Joli petit bureau de dame de style
Louis XVI, en bois de citronnier, garni d'ornements en bronze doré; les tiroirs du
meuble sont ornés de plaques en marqueterie
de cuivre sur fond noir, et représentent des
sujets chinois.

85 — Écran formé d'une tapisserie au point,
représentant la Récolte des fruits, composition
encadrée de festons et d'enroulements; la
monture est en bois finement sculpté. Époque Louis XIV.

**

86 — Douze fauteuils en bois sculpté et doré, recouverts en étoffe de soie, à fleurs et feuillages sur fond vieil or. Travail italien de l'époque Louis XIV.

87 — Meuble de salon Louis XVI en bois sculpté et peint en blanc. Il se compose d'un canapé, cinq fauteuils et une chaise.

88 — Canapé Louis XVI à dos rond en bois sculpté à cannelures et peint en blanc.

89 — Petite console Louis XVI à pieds cannelés ; le pourtour est décoré de rosaces percées à jour ; au-dessous, des guirlandes de fleurs.

90 — Lit de milieu Louis XVI en bois sculpté et doré ; il est garni de damas de soie cerise à grands ramages.

91 — Deux fauteuils Louis XIII à pieds tors, recouverts en cuir de Cordoue à ramages, fleurs et feuillages dorés.

92 — Chaise semblable aux fauteuils.

93 — Grande chaise Louis XIV en bois sculpté, siège et dossier cannés.

94 — Belle console Louis XV en bois sculpté et doré ; elle est décorée de rinceaux et de fleurs, dessus de marbre brèche.

Haut., 92 cent.; larg., 1 m. 3 cent.

95 — Joli cadre de glace Louis XV, en bois sculpté et doré. Il est orné de rinceaux à jour, de fleurs et d'animaux placés de chaque côté du fronton.

Haut., 1 m. 98 cent.; larg., 86 cent.

96 — Très beau et grand cadre italien en bois sculpté et doré, à rinceaux découpés à jour ; dans le haut, une couronne, au-dessous de laquelle des armoiries ; au bas, une fleur de lis renversée et une légende en latin.

Haut., 1 m. 95 cent.; larg., 1 m. 40 cent.

97-98 — Deux cadres italiens en hauteur, en bois sculpté et doré.

99 — Quatre beaux cadres ovales en bois sculpté à rinceaux découpés à jour, guirlandes de fleurs et godrons ; en haut et en bas, une coquille. Epoque de la Régence.

Les hauteurs sont égales, les largeurs dif-
fèrent.

2. Haut., 1 mètre ; larg., 1 m. 70 cent.
2. Haut., 1 mètre ; larg., 1 m. 40 cent.

100 — Petit cabinet en bois noir et à battant,
portant à l'extérieur des incrustations sur
ivoire, sujets et entrelacs, ainsi que sur six
tiroirs se trouvant à l'intérieur.

101 — Autre cabinet italien s'ouvrant à deux
vantaux et posé sur une petite console à
quatre pieds. Il est décoré à l'extérieur sur
les vantaux et à l'intérieur sur dix tiroirs d'incrustations sur ivoire , représentant des
sujets à personnages, animaux chimériques
et entrelacs.

MOSAIQUE

102 — Jolie mosaïque représentant une Bac-
chante, la chevelure enguirlandée de grappes
de raisin et de pampres. Cadre en velours
grenat.

Haut., 29 cent.; larg., 25 cent.

TAPISSERIES — ÉTOFFES

103 — Grande et belle tapisserie d'Aubusson, représentant une ville avec château fort, au bord de la mer; plusieurs vaisseaux entrent dans le port. Au premier plan, le rivage avec ruines et grands arbres autour desquels voltigent des oiseaux. Plus bas, sur le sol, des cygnes, des canards et des poissons. Charmante composition animée de figures. Le pourtour est orné d'ornements, d'entrelacs et de fleurs. Époque Louis XIV.

104 — Tapis de table en tapisserie au point; il est décoré de médaillons représentant des animaux dans des paysages. XVIe siècle.

105 — Tapis de table en tapisserie au point, portant au centre des armoiries surmontées de la date 1552. Le pourtour est décoré de têtes de fous et d'entrelacs.

106 — Très belle bordure Renaissance, composée de grappes de fruits et bouquets de fleurs. Dans le haut, d'un côté, une femme se regardant dans un miroir; de l'autre, guerrier tenant

un bouclier. Au bas, sous des arcades, d'un
côté, un guerrier casqué tenant en main un
glaive; de l'autre, une jeune femme en costume Moyen-Age.

107 — Huit grands rideaux, formant portières,
en peluche olive, et quatre lambrequins de
même étoffe ornés de cordonnets et de
franges à couleurs variées, le tout doublé en
soie de même ton.

Hauteur des rideaux, 3 m. 40 cent.; larg., 88 cent.

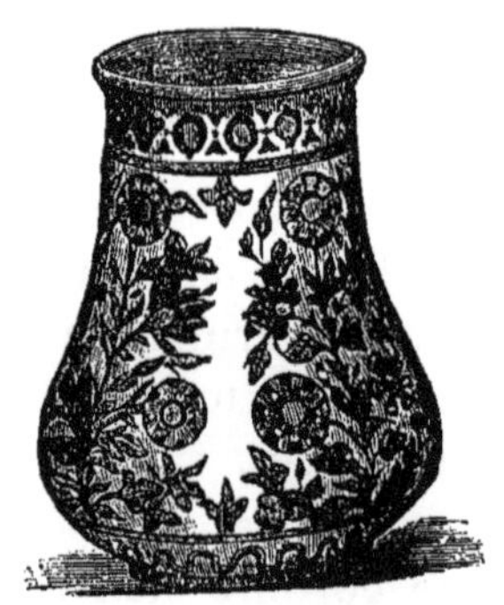

TABLEAUX

BAKHUYSEN

(LUDOLPH)

108 — *Marine.*

Au premier plan, une barque de pêche, toutes voiles déployées; plus loin, un navire de guerre hollandais; à l'horizon, la silhouette d'une barque.

Signé des initiales sur une épave.

Bois. Haut., 26 cent.; larg., 35 cent.

CHARDIN

(J. B. SIMÉON)

109 — *Portrait de jeune fille.*

Signé à gauche.

Toile. Haut., 48 cent.; larg., 37 cent.

COROT

110 — *Les Bords de Seine.*

Jolie esquisse du maître.

Toile. Haut., 22 cent.; larg., 35 cent.

DUPLESSIS

111 — *Portrait du comte de Provence.*

Représenté de face, la tête découverte; son costume se compose d'un habit gris avec broderies et d'un gilet de même couleur; la main gauche est passée dans l'ouverture du gilet déboutonné. Il porte l'ordre du Bain et le grand cordon passé en écharpe sous le vêtement.

Toile ovale. Haut., 77 cent.; larg., 59 cent.

ÉCOLE ALLEMANDE

112 — *Prise d'une ville.*

Peinture sur cuivre.
Cadre en bois sculpté et doré.

ÉCOLE ESPAGNOLE

113 — *La Partie de cartes.*

Les personnages, hommes et femme, qui prennent part à cette partie, sont réunis autour d'une table sur laquelle une vieille femme vient de déposer un pichet portant sur la panse le mot Lucresia. Sur la droite, un jeune homme assis fume une pipe; plus loin, sur la gauche, un homme debout, la tête découverte.

Œuvre rappelant le faire de Velazquez.

Toile. Haut., 1 m. 30 cent.; larg., 1 m. 95 cent.

ÉCOLE FLAMANDE

114 — *Portrait d'un gentilhomme anglais.*

Vu de face et à mi-corps, il porte un costume noir surmonté de la fraise. La tête entièrement dégagée est merveilleusement éclairée; dans le haut, à gauche, un écusson orné d'un casque de chevalier; au-dessous, le mot Concordia. Cette tête rappelle le faire de Janssens, dit Van Ceulen.

Cadre en bois sculpté et doré.

Bois. Haut., 65 cent.; larg., 49 cent.

ÉCOLE FLAMANDE

115 — *Paysage.*

Au premier plan, sur la droite, un bouquet d'arbres se détachant sur le ciel encore empourpré par les derniers rayons d'un soleil couchant; à l'ombre de grands arbres, et au bord d'un cours d'eau, trois paysans, homme et femmes, sont arrêtés et causent; plus loin, un pont sur lequel passe un villageois chassant devant lui des vaches; à gauche, une ferme; au loin, la campagne; à l'horizon, des silhouettes de montagnes.

Charmant et gracieux tableau.

Signé des initiales H. B.

Toile. Haut., 58 cent.; larg., 78 cent.

ÉCOLE FRANÇAISE

116 — *Portrait de gentilhomme.*

De face, la tête découverte, il porte le costume du temps de Louis XVI, croix de Saint-Louis et insigne rouge, marque distinctive des membres de la Convention.

ÉCOLE FRANÇAISE

117 — *Portrait de jeune garçon.*

Vu à mi-corps, la tête de face, les cheveux blonds retombant en boucles sur les épaules, il porte au bras droit le brassard blanc des Vendéens.

Cadre en bois sculpté et doré.

Toile. Haut., 43 cent.; larg., 36 cent.

ÉCOLE FRANÇAISE

118 — *Jeu d'amours.*

Petit panneau de meuble sur fond d'or, représentant deux amours dans le genre de Boucher.

ÉCOLE HOLLANDAISE

119 — *Scène de cabaret.*

De nombreux personnages, hommes, femmes et enfants, boivent et causent; au premier plan, un buveur embrasse la fille du cabaret.

Bois. Haut., 58 cent.; larg., 74 cent.

ÉCOLE HOLLANDAISE

120 — *Savant lisant.*

Bois. Haut., 17 cent.; larg., 13 cent.

ÉCOLE HOLLANDAISE

121 — *Vieillard assis près d'une table et taillant une plume.*

Cadre ovale en bois sculpté et doré.

Haut., 25 cent.; larg., 20 cent.

ÉCOLE HOLLANDAISE

HOBBEMA (Genre de)

122 — *Mare sous bois.*

Ce tableau rappelle les œuvres de Van Kessel le Hollandais.

Bois. Haut., 34 cent.; larg., 38 cent.

ÉCOLE HOLLANDAISE

123 — *Au bord du Zuyderzée, le soir.*

Un berger surveille ses vaches, moutons et
chèvres, tout en causant avec une jeune villageoise
qui vient de tirer de l'eau.

Bois. Haut., 48 cent.; larg., 62 cent.

ÉCOLE ITALIENNE

124 — *Saint Sébastien percé de flèches.*

Charmant tableau, d'une tonalité chaude, et
d'une harmonie de couleurs rappelant les œuvres
de Daniel Crespi.

Cadre en bois sculpté et doré.

Haut., 52 cent.; larg., 41 cent.

ÉCOLE ITALIENNE

125 — *La Vierge à l'œillet.*

Assise sur un banc de pierre, elle tient son fils sur ses genoux et lui donne le sein.

Devant la Vierge, une table couverte d'un tapis vert sur lequel sont placés, à gauche, une coupe contenant des fruits; à droite, un vase dans lequel est placé un œillet.

Plus loin, un délicieux paysage avec maisons et château fort; à l'horizon, des montagnes.

Signé des initiales H. C.

Bois. Haut., 61 cent., larg., 44 cent.

ÉCOLE ITALIENNE

126 — *Portrait de jeune fille.*

Cadre en bois sculpté et doré.

Toile. Haut., 40 cent.; larg., 36 cent.

FRANCK

127 — *La Naissance du Christ.*

Jolie peinture sur cuivre.

Haut., 26 cent.; larg., 21 cent.

FYT

(JOHANNES)

128 — *Guirlande de fleurs.*

Des roses blanches et rouges, des tulipes et des lis entourent un cadre, au centre duquel est représentée la Vierge en prière.

La figure paraît être de Jordaens.

Charmant tableau signé sur le milieu du cadre et daté 1643.

Bois. Haut., 83 cent.; larg., 58 cent

FYT

(JOHANNES)

(PENDANT DU PRÉCÉDENT)

129 — *Guirlandes de fleurs.*

Des roses, des tulipes, des marguerites et autres
sortes de fleurs, forment une guirlande autour d'un
cadre, au centre duquel est représentée la tête du
Christ.

Bois. Haut., 83 cent.; larg., 58 cent.

GOYEN

(JEAN VAN)

130 — *Marine, soleil couchant.*

Des pêcheurs dans leur barque sont occupés à
relever leurs filets. Au loin, des bateaux rentrent
au port.

Sur la droite, des maisons, dont l'une est flan-
quée d'une tourelle ; un peu plus loin, un moulin.

Signé des initiales sur la barque.

Bois. Haut., 47 cent.; larg., 63 cent.

HEEM

(DAVID DE)

13 1 — *Pêches, prunes, cerises et raisins placés sur une table.*

> Charmant petit tableau de l'artiste.
> Signé à gauche.

> Bois. Haut., 26 cent.; larg., 34 cent.

HUET

(JEAN-BAPTISTE)

132 — *La Bonne Mère.*

> Dans un intérieur des plus modestes, une jeune femme donne de la bouillie à un petit enfant placé sur ses genoux; à ses pieds, un autre bambin assis par terre tient une pomme et s'apprête à la croquer.
> Charmante esquisse du maître.

> Toile. Haut., 1 m. 30 cent.; larg., 87 cent.

KESSEL

(VAN)

133 — *Boutons de roses; insectes et rat.*

Petite peinture sur cuivre.

LEBRUN

(Mme VIGÉE)

134 — *Portrait de jeune homme.*

Vu de face, la tête découverte; il porte un costume bleu, cravate blanche enroulée autour du cou.

Pastel. Haut., 49 cent.; larg., 41 cent.

LHORERA

(J.)

135 — *La Visite à l'atelier.*

Aquarelle.

MOLENAAR

(NICOLAS)

136 — *Canal glacé, en Hollande.*

De nombreux personnages passent dans des traîneaux, ou patinent sur un canal glacé ; à droite et à gauche, les maisons d'un village.

Toile. Haut., 55 cent.; larg., 75 cent.

NEER

(AART VANDER)

137 — *Village en Hollande ; clair de lune.*

La lune se dégage peu à peu de nuages sombres et se reflète dans les eaux d'un canal. Les arbres et les maisons du village se profilent en une silhouette adoucie, sur la partie éclairée du ciel.

Deux hommes, dans une barque, surveillent des engins de pêche ; un troisième, assis sur une langue de terre, les regarde.

Très joli panneau, signé du monogramme, à droite.

Bois. Haut., 3o cent.; larg., 37 cent.

OMMEGANCK

(BALTHAZAR-PAUL)

138 — *Moutons au repos dans un paysage ; soleil couchant.*

> Bois. Haut., 24 cent.; larg., 32 cent.

RANC

(JEAN)

139 — *Portrait d'un magistrat.*

> A mi-corps et de face. Grande perruque tombant sur les épaules; robe de magistrat, cravate blanche et broderies.
> Cadre en bois sculpté et doré.

> Toile. Haut., 80 cent.; larg., 65 cent.

RAPHAEL

(École de)

140 — *L'Annonciation.*

> Cadre en bois sculpté et doré.

> Cuivre. Haut., 17 cent.; larg., 25 cent.

RAPHAEL

(École de)

141 — *Vierge couronnée.*

Toile. Haut., 60 cent.; larg., 50 cent.

RIBEIRA

(École de)

142 — *Saint François d'Assise recevant, dans une vision, l'impression des stigmates.*

Toile. Haut., 1 m. 25 cent.; larg., 90 cent.

ROTTENHAMER

143 — *Jésus devant Pilate.*

Peinture sur cuivre.
Cadre en bois sculpté et doré.

SOOLMAKER

(J. FR.)

144 — *Le Berger*.

Dans un charmant paysage doré par les derniers rayons d'un soleil couchant, un berger assis sous un arbre joue de la flûte, tout en surveillant des vaches et quelques moutons couchés.

Bois. Haut., 37 cent.; larg., 46 cent.

SOLIMÉNA

(Le chevalier FRANÇOIS)

(DEUX PENDANTS)

145 — *La Naissance du Christ*.

146 — *L'Adoration des Bergers*.

Toiles. Haut., 54 cent.; larg., 103 millim.

TÉNIERS

(École de)

147 — *Paysage animé de personnages*.

Bois. Haut., 28 cent.; larg., 38 cent.

TÉNIERS

(École de)

148 — *Les Joueurs de cartes ; scène de cabaret.*

Bois. Haut., 24 cent.; larg., 19 cent.

VESTIER

(ANTOINE)

149 — *Portrait de Monseigneur de Talleyrand, évêque d'Autun.*

Cadre en bois sculpté et doré.

Pastel. Haut., 23 cent.; larg., 20 cent.

VLIET

(H. VANDER)

150 — *Intérieur d'un temple protestant.*

Signé à gauche, au bas d'une colonne.

Bois. Haut., 30 cent.; larg., 23 cent.

WILLE Fils

151 — *La Leçon de musique.*

Charmant et spirituel dessin de l'artiste.
Signé et daté 1773.

WOUWERMANN

(PHILIPPE)

152 — *Retour de la chasse.*

Plusieurs chasseurs sont arrêtés près d'une touffe d'arbres ; deux, à cheval, sonnent de la trompe, un troisième caresse des chiens accroupis, tandis qu'un autre conte fleurettes à une paysanne et lui présente du gibier à plumes.

Sur la gauche, un village ; à l'horizon, des silhouettes de montagnes.

Ce tableau a été malheureusement repeint dans certaines parties.

Signé du monogramme, à gauche.

Bois. Haut., 46 cent.; larg., 52 cent.